Gambler

Til Sylwia

Michael Christensen

Gambler

Verdens vildeste spillere

© 2016 – Michael Christensen
Forlag: Books on Demand GmbH, København, Danmark
Fremstilling: Books on Demand GmbH, Norderstedt, Tyskland
Bogen er fremstillet efter on-Demand-proces
ISBN 978-87-7188-592-7

GAMBLER

Storspillere har altid fascineret. Der er noget eventyrligt ved mennesker, der uden at blinke satser beløb, der svarer til måneders eller års løn for de fleste. I denne bog skal du møde fem af de vildeste storspillere. De besidder nogle egenskaber og har en historie der gør dem til noget særligt. Der er Nick the Greek, manden der spillede om alt med alle og blev en myte og selve indbegrebet af en vild gambler. Kerry Packer, den mest gavmilde og manden med den største kapital – elsket af de fleste, men frygtet af casinoejerne. Vores egen Gus Hansen, hvis tilsyneladende vilde og aggresive stil gjorde ham til verdensstjerne. William Benter, den største og mest stabile vinder, der tog moderne teknologi i anvendelse for at slå spillet. Og endelig manden med det største talent, kortgeniet Stu Ungar, som desværre forvaltede sine store evner så dårligt og blev en tragisk figur.

En dygtig spiller besidder en række specielle egenskaber. Det kan være psykologisk sans, matematisk flair, selvdiciplin, stærke nerver, god hukommelse og meget andet. Der er ingen enkelt spiller som besidder alle disse egenskaber, heller ikke de spillere du vil møde i denne bog. Men de fleste har en række af dem og jo flere, jo mere komplet er vedkommende.

Der er spillere som jeg har været fristet til at tage med, men de er endnu relativt unge og deres karriere er langfra forbi. Det samme kan siges om Gus Hansen, men jeg mente at en dansksproget bog om spillere nødvendigvis måtte omfatte ham. Fælles for de fleste storspillere er, at de på et tidspunkt er blevet generet og begrænset af deres evige modstander – spiludbyderne. Casinoer og bookmakere kan ikke lide vindere. Vindere skal helst holdes nede eller helt udelukkes. En praksis som branchen den dag i dag slipper af sted med, også i lande hvor forbrugerrettigheder og forbud mod diskrimination i andre sammenhænge ellers er hellige køer. Derfor er der noget forfriskende ved historier de dygtige – eller heldige – der får ram på spiludbydernes pengetank.

NICK THE GREEK
Fra græsk emmigrant til amerikansk legende

Nikos Dandolos, bedre kendt som Nick the Greek, var en græskfødt storspiller der blev kendt for gennem hele sit liv for at vinde og tabe store summer af penge i alverdens tænkelige spil. Blandt spillere er Nick the Greek nærmest et mytisk begreb. En bookmaker og op til flere casinoer er opkaldt efter ham.

En storspiller fødes

Nikos Dandolos blev født på Kreta i 1883. Han var søn af velhavende forældre, blev uddannet på et græsk-ortodokst akademi og havde en kandidatgrad i filosofi. Da han fyldte 18 år sendte hans bedstefar ham til USA med et legat på 150 $ om ugen til leveomkostninger. Nick slog sig ned i Chicago, men flyttede hurtigt til Montreal i Canada, hvor han begyndte at spille på hestevæddeløb.

Efter at have vundet mere end 500,000 $ på hestevæddeløb, flyttede han tilbage til Chicago, hvor han tabte det hele på kort-og terningespil . Han blev dog hurtigt en mester i disse spil og begyndte at opbygge et ry som en underholdende storspiller med enorme udsving. Nikos Dandelos var blevet til Nick the Greek - en attraktion og en levende legende. Folk valfartede til det casino hvor han nu tilfældigvis opholdt sig - blot for at se ham spille. En historie beretter om engang han havde vundet en million fra en texaner efter en hel nats tomandsspil. I de tidlige morgentimer, følte Nick sig træt og ville sætte en stopper for spillet. Texaneren beskyldte ham for fejhed. . Nick bad dealeren om et nyt sæt kort , og opfordrede sin modspiller til at vende et enkelt kort om kvit eller dobbelt. Manden fra Texas trak sig og de gik hver til sit.

Duellen mod Johnny Moss

Fra januar 1949 til maj 1949 , deltog Nick i det vel nok mest berømte pokerspil nogensinde. Det var den legendariske match mod den professionelle amerikaner Johnny Moss. I fem måneder, spillede de to næsten enhver variation af spillet , der eksisterede på det tidspunkt. Ved afslutningen af denne marathon var Nick the Greek nede med flere millioner dollars. For måske den eneste gang i sit liv trak han sig fra et spil i erkendelse af, at han ikke kunne få skovlen under amerikaneren, der regnedes for en af verdens bedste pokerspillere. Moss blev senere tredobbelt vinder af WSOP. Nick ytrede de senere berømte ord: "Mr.Moss, I have to let you go." Denne pokermarathon var arrangeret af casinoejeren Benny Binion og blev en turistattraktion mens den stod på. Den regnes for at være forløberen til det senere så berømte uofficielle verdensmesterskab World Series of Poker, der i mange år blev afviklet på casinoet Binions Horseshoe, ejet af Benny Benions søn, Jack.

Nick og nobelprismodtagerne
Det hævdes, at Dandolos engang tog Albert Einstein med på sightseeing i Las Vegas. I den tro at hans gamblingvenner næppe kendte nobelprismodtageren, præsenterede Nick angiveligt Einstein som "Lille Al fra Princeton ", og erklærede, at han "arbejdede med ret store tal i området omkring Jersey". En formulering, man i de kredse ville bruge om gangstere der kontrollerede det illegale lotteri i New York.
En anden nobelprisvinder, fysikeren Richard Feynman mødte også Nick the Greek. Videnskabsmanden Feynman spurgte nærmere ind til, hvordan Nick tilsyneladende altid kunne tjene penge på tilfældighedsspil,

hvor casinoet pr. definition havde fordelen. Nick forklarede at han som regel ikke spillede direkte på casinobordene, men indgik væddemål mod andre spillere og slog dem qua sit større kendskab til odds. Hans ry var så stort at folk ligefrem stod i kø for at spille på ufavorable odds – blot for at kunne fortælle at de havde væddet med legenden Nick the Greek.

Arven efter Nick the Greek

I de sidste måneder af sit liv var Dandolos bankerot – igen – og spillede draw poker med små indsatser i Gardena, Californien. Da han blev spurgt af en medspiller , hvordan han , der var vant til at spille om millioner, nu kunne spille om småpenge, svarede Nick: "Det er stadig *action*, ikke?"

Nick "the Greek! Dandolos døde juledag 1966.

Det er anslået at han samlet vandt og tabte over 500 millioner $. Det var hovedsageligt i 1950'erne. I vores dages penge svarer til det til adskillige milliarder. Selv hævdede han at være gået fallit og kommet på fode igen over 70 gange. Han blev beskyldt for ikke at have forståelse for penges værdi. Ikke destro mindro mindre ånslås det, at han i årenes løb donerede mere end 20 millioner $ til uddannelse og velgørenhed .

Der er skrevet flere biografier om den farverige storspiller, bl.a Ted Thackreys "Gambling Secrets of Nick the Greek" fra 1968 og Harry Mark Petrakis "Nick the Greek" fra 1978. Nick the Greek blev posthumt optaget i Poker Hall of Fame i 1979.

Kerry Packer
En million i drikkepenge

Der er et væld af gode historier om Kerry Packer, en af de mest farverige og generøse storspillere verden endnu har set. Han var en af Australiens rigeste mænd, han spillede meget højt på næsten alt og var kendt for sine korte, fyndige kommentarer. Først og fremmest vil mange dog huske ham som en meget gavmild mand med drikkepenge. De casinomedarbejdere der var på rette sted til rette tid kunne pludselig stå med en ekstra årsløn i hånden.

Ti shillings på Tasmanien

Den første gode historie handler dog om Kerrys bedstefar. I starten af 1900-tallet gik Clyde Packer efter sigende rundt omkring væddeløbsbanen ved Hobard på Tasmanien og var helt flad. Han fandt 10 shillings på jorden, satte dem på en outsider og tidoblede sin lille formue. Pengene blev brugt på at flytte hele familien til Sidney. Her gik Clyde Packer ind i avisbranchen.

Bedstefaderen "klarede sig helt pænt" for nu at citere en af Kerry Packers karakteristiske underdrivelser. Han lagde grunden til et avisimperie der gik i arv til sønnen Frank. Frank Packer, far til vores storspillende Kerry, udbyggede virksomheden, der under navnet Consolidated Press Holding bredte sig over hele den australske medieverden.

Australske bookmakeres mareridt

Kerry Packer blev født 1937 i Sidney. Hans far Frank opdagede tidligt sønnens tendenser til hasardspil og så formodentlig med nogen bekymring på arvingens tilbøjeligheder. Da Kerry i en ung alder havde oparbejdet en spillegæld på 10000 $ tvang faren ham til at sælge sin bil for at betale gælden. Det var sikkert en udmærket pædagogik - i teorien - men det havde ikke den store virkning i praksis.

Packer overtog medieimperiet i 1974 og blev almindelig anerkendt som en dygtig forretningsmand der udvidede medieimperiet betydeligt. Han var også en dreven investor, der bl.a. at formåede at sælge ud af sine aktier i rette tid inden det store kollaps på Wall Street i 1987. Han havde, som de fleste mennesker, brug for en hobby og gambling var og blev hans store lidenskab. Hans enorme formue betød at han kunne risikere summer, der gjorde livet farligt for ethvert casino.

Når Packer fløj over Darwin gjorde han det til en vane at ringe det lokale casino op fra sit privatfly. Han spurgte venligt til kassebeholdningen - hvis den kun var på nogle få hundrede tusinde australske dollars fløj han videre, men var den i nærheden af en million landede han for at spille.

Inden længe fandt han dog indsatsgrænserne i hjemlandets casinoer for beskedne.

Der var større penge at hente på væddeløbsbanerne. Packer gik også her i bedstefarens fodspor, I hjemlandet var Packer berømt og berygtet for at bombardere de australske bookmakere med store indsatser på hestene – ofte med held.

Det er dog et faktum, at Packer tabte så meget som 30 millioner dollars til Sydney bookmakeren Bruce McHugh. Over en længere periode begyndte han at imidlertid at vinde det tabte tilbage, så McHugh mente ikke der var anden udvej end at lukke forretningen og gå på pension. Han erkendte at Packer, med sine ubegrænsede ressourcer, i værste fald kunne vinde alt tilbage og endog ruinere ham.

London og Las Vegas

Det anslås at han tabte tocifrede millionbeløb på casinoer i London , hovedsagelig fordi han tilbragte lange perioder der og som regel lagde beslag på adskillige af suiterne på Savoy.

Før eller siden måtte en spiller af den volume havne i Las Vegas. Og det gjorde Kerry Packer da også. Til glæde – men også nogen bekymring – for casinoejere. Han spillede mange steder og på stort set alt. I det lange løb tabte han- naturligvis – men for enkelte casinoer blev han et katastrofalt bekendtskab, når han efter en heldig stime efterlod dem med milliontab og vendte hjem til Australien for at passe forretningen. Uden sammenligning iøvrigt fik 11. september 2001 også negative konsekvenser for Packer. Den dag Al Qaeda- terrorister slog til mod World Trade Center og Pentagon var han i Vegas og foran med flere millioner dollars. Han var egentlig brudt op og stod til at forlade Las Vegas med en pæn fortjeneste. Der var bare et problem : Al flytrafik blev indstillet. Det gjorde aktiviteterne i Las Vegas imidlertid ikke – den strandedemilliardær spillede videre og gevinsten blev forvandlet til et tab på 6 millioner.

Dealerens ven og ejerens fjende

Man kan ikke kalde Packer for en god spiller. Han spillede hæderlig blackjack, men anvendelse af de mest almindelige fornuftsregler som de fleste casinogæster.

Hans farlighed bestod af de enorme beløb han var parat til at satse. Det blev kombineret med en god evne til at satse højt i medgang og stoppe i tide.

For ledelsen er det en svær balance- hvordan holder man på en sådan mand samtidig med at man mindsker risikoen for store tab. Sætter man for lavt et loft over storspilleres indsats går de jo blot et andet sted hen.

Han var vellidt af personalet fordi han var høflig og generøs med drikkepenge som inden anden. ligeså hård han kunne være ved casinoernes bundlinie, ligeså betænksom og gavmild var han mod medarbejder staben. En million $ i samlede drikkepenge over en uge var normalt for ham.

En aften i Vegas betalte Packer hele huslånet af for en servitrices. Ved en anden lejlighed bemærkede han, at en blackjack dealer han havde sympati for, var blevet flyttet fra de høje borde. Han satsede 20,000 $ på hver hånd og fortalte dealeren , at han kunne holde alle gevinster fra denne runde. Casinoernes ledelse krympede sig ved al denne gavmildhed , fordi de vidste at drikkepengene aldrig fandt vej tilbage til casinoets pengetank. Der er næppe tvivl om, at Packer morede sig med at drille og stresse casinoernes ejere og ledere – hvis han havde held med sig og stoppede i tide kunne det aldeles ødelægge et kvartalsregnskab.

I 2005 blev Las Vegas og andre spillebyer en del fattigere og kedeligere. Packer døde af den nyresygdom der havde plaget ham i lang tid.

Forsøg på at adskille fakta fra fiktion , når det kommer til historier om Kerry Packer er næppe besværet værd. Den mest berømte er historien om en højrøstet oliemillionær fra Texas, der skabte postyr ved et blackjackbord i Vegas hvor Packer var i gang med at spille. Da den australske mediemogul, der selv var et stilfærdigt og venligt gemyt, høfligt bad ham dæmpe sig, spurgte oliemanden opbragt:

"Ved du, hvem jeg er?", hvortil milliardæren svarede nej.

"Jeg er tilfældigvis god for 100 millioner dollars" brovtede texaneren .

"Nå. Skal vi slå plat og krone om dem?" spurgte Packer .

Gus Hansen
Mening med galskaben

Gustav "Gus" Hansen med tilnavnet The Great Dane er Danmarks mest kendte storspiller. Allerede flere år før Gus blev verdenskendt pokerspiller levede han af at spille backgammon. Han har bredt sig ud over mange aktiviteter – som medejer af et pokersite, tv-stjerne, forfatter og deltager i store og mere eller mindre vanvittige væddemål.

På vej mod berømmelse

Det lå ikke lige for, at en af verdens største og højest profilerede gamblere skulle komme til verden i 70'ernes Danmark. Gustav Hansens fødeland var dengang mildest talt puritansk med hensyn til spil om penge. Der var fodboldtipningen, lidt aktivitet på trav-og galopbanerne samt klasselotteriet og et par mindre lotterier. Alt sammen behørigt reguleret og beskattet af staten. Rundt omkring på grillbarer og bodegaer stod der enarmede tyveknægte. De slugte 25-ører og en eventuel gevinst blev udbetalt i spillemærker som kunne bruges til fortsat spil. Visse steder vekslede man dog spillemærkerne til varer eller kontanter - til bekymring og forargelse for en del mennesker. Casinoer var noget eksotisk som enkelte danskere havde stiftet bekendtskab med på charterferien. Danmark var sådan cirka på niveau med det dengang kommunistiske Polen hvad angår mulighederne for legalt pengespil. I "Encyclopedia of Gambling" stod bl.a.:

Danmark er ikke kendt som et spillemekka. Der er ingen casinoer. Der er nogle få spillehaller med automater og en billigudgave af roulette med satser der kræver et forstørrelsesglas at få øje på.

Med andre ord - Danmark var et rent U-land for storspillere. Alligevel blev en af de største født her. Det skete den 13. februar 1974 i København. Efter eget udsagn fik Gustav Hansen smag for at spille om penge allerede i folkeskolen. Drengene ville typisk samles om kortspillet halvtolv, et blackjack-lignende spil hvor man skiftes til at holde banken. Den spæde start på karrieren som gambler gik over diverse kort- og terningspil, men endte foreløbig ved backgammon. Fra slutningen af 80'erne var der rigtig gode kår i Danmark for det populære caféspil. Det blev ikke regnet for hasard, så man kunne åbent og helt legalt spille om kontanter offentligt. Der var et velorganiseret og aktivt forbund bakket op af storsponsoren Carlsberg. Der var masser af backgammonaktiviteter på caféer og værtshuse. Gustav Hansen blev en af verdens bedste spillere. I 2000 flyttede han som 26-årig til New York for at spille som professionel backgammon. Han var på det tidspunkt også en habil tennisspiller på relativt højt plan, I det hele taget var han en meget aktiv sportsudøver helt fra de unge år. Pengene i backgammon var små i sammenligning med poker. Gus blev hurtigt tiltrukket af de langt summer der var på spil her.

Pokersejre

Det var i 1993, som udvekslingsstudent på universitetet i Santa Cruz i Californien, at Gus Hansen første gang stiftede bekendtskab med poker. Han spillede i Ocean View Card Room. Der skulle gå en del år før han for alvor tog spillet op, men så gik det også stærkt. Pokers popularitet eksploderede omkring årtusindskiftet – først og fremmest pga. de voksende muligheder for at spille på internettet, tv-shows fra de store live-turneringer og den populære pokerfilm med "Rounders" med Matt Damon og Edward Norton. Den nyopfundne, tv-transmitterede turneringsserie World Poker Tour blev Gus Hansens platform til berømmelse. Han blev kendt og berygtet for sin ekstremt aggresive spillestil og fik ry for at spille næsten alle de kort han fik, uanset om de var gode eller dårlige. Naturligvis ligger der komplicerede matematiske og psykologiske overvejelser bag næsten alt, hvad Gus foretager sig. Ingen når de resultater han har nået ved blindt og sløset spil. Men det tog sig nogen gange sådan ud – og det var godt tv-stof. Han havde evnen til at promovere sig selv og med sit karismatiske væsen blev han guf for medierne. Gus tonsede igennem World Poker Tour (WPT) fra turneringsseriens start. WPT startede i 2002 og allerede i maj samme år vandt han i Las Vegas og inkasserede over $500.000. Gus vandt tre WPT turneringer inden for et år og fire i alt. Alene på World Poker Tour har Hansen vundet mere end $4 millioner. I 2004 blev han optaget til World Poker Tours Hall of Fame. Gus Hansen har ikke vundet nogen World Series of Poker armbånd endnu. Derimod har han op til flere gange vundet sekundære præmier i den store turneringsrække. I februar 2005 vandt Gus Hansen $1.000.000, da det blev til sejr i invitationsturneringen Poker Superstars Invitational Tournament. Samme år fik han også lejlighed til at spille European Poker Tour.

I januar 2007 vandt Gus Hansen sin største turneringssejr hidtil. Det var Aussie Millions i Melbourne. Gus deltog i den stjernebesatte hovedturnering, felt, hvor nogle af verdens bedste var med i feltet, der talte 747 spillere. Han gik hele vejen, da han til sidst besejrede den unge amerikaner Jimmy Fricke. Sejren indbragte 1.500.000 australske dollars. I forbindelse med Aussie Millions kom Gus Hansens måske største og mest værdifulde bidrag til pokerspillere verden over. Han skrev bogen "Every Hand Revealed", en gennemgang af turneringen hånd for hånd. Over 300 hænder er detaljeret kommenteret af, baseret på iagttagelser han gjorde sig undervejs ved hjælp af diktafon. Det blev til et ganske originalt og meget rost stykke pokerlitteratur. Der er dog dem der mener at Gus har betalt en lidt for høj pris for sin succes som pokerforfatter. "Every Hand Revealed". Det har været småt med sejre på pokerbordene siden og man kan mene at han måske i bogen udleverede lidt for mange hemmeligheder om sin stillestil til publikum.

Mediedarling og forretningsmand

Udover turneringssejrene var det også forretningsmæssigt gode år. Gus var medstifter af pokersitet pokerchamps.com, som gik i luften i 2003 og allerede to år efter blev solgt til en britiske gigant, spillebørsen Betfair, for 100 mil. kroner. Han var fortsat en TV-stjerne og optrådte i flere pokershows. Gus har optrådt i High Stakes Poker, hvor han var medvirkende i verdens (på daværende tidspunkt) største pot i tv-transmitteret livepoker. Potten lød på ca. $600.000. I 2007 var Gus Hansen den første spiller der vandt NBC's pokershow Poker After Dark. Her nappede han $120.000 fra blandt andre Huck Seed og Phil Hellmuth. Han medvirkede desuden i en mindre rolle – som sig selv- i actionfilmen Redline fra 2007. Den 21. februar 2009 åbnede Gus Hansen sin egen gratis online tv-kanal Gus Hansen TV. På kanalen kan man følge Gus Hansens spil ved online-poker, hvor han løbende kommenterer sit eget, og sine modstanderes, spil. Derudover bliver der også sendt programmer, når Gus

Hansen deltager i større turneringer. Ved lanceringen af tv-kanalen blev der afholdt et stort boksearrangement i KB-Hallen, hvor kendte danskere skulle bokse mod hinanden. Et af højdepunkterne ved dette arrangement var kampen imellem Gus Hansen og Theo Jørgensen, hvor de to kamphaner på forhånd havde indgået et væddemål på 200.000 kr. om kampens udfald. Gus tabte kampen med dommerkendelserne 2-1 i Theos favør.

Full Tilt og den store nedtur

Det hele har ikke været en dans på roser. Gus var en del af det store amerikanske pokersite Full Tilt som blev lukket af de amerikanske myndigheder på den såkaldt Sorte Fredag, hvor amerikanske myndigheder slog til mod onlinepoker, der var blevet erklæret ulovligt i henhold til et forbud fra 1964 mod formidling af spil på tværs af amerikanske delstatsgrænser. Det blev hurtigt klart at den stod helt galt til med Full Tilts økonomi. Da de amerikanske spillere skulle have deres indskud tilbage var pengene der ganske enkelt ikke. Interne lån og andet rod havde ødelagt Full Tilts solvens. Flere tidligere højt respekterede pokerstjerner fik ødelagt navn og rygte, dog ikke Gus Hansen. Efter genåbningen af Full Tilt blev han det vigtigste ansigt udadtil for sitet. Men Full Tilt poker var - og er - alligevel lidt af et mareridt for Gus Hansen. Han har altid været fast deltager i de allerstørste spil på stedet, men har slet ikke haft den samme succes som i turneringerne. Selvom der er nogen tvivl om tallene, nærmer han sig formodentlig et underskud på 75 millioner danske kroner i spil på Full Tilt poker. Det har sået berettiget tvivl om hans evne til at blive ved med at spille om så høje takster – om om hvorvidt hans aggressive høj-risiko stil overhovedet holder i længden.

Der er nu ikke noget der tyder på at en af verdens vildeste gamblere bliver sendt ud af spillet. Gus har andre indtægtkilder og uden tvivl også et netværk der vil støtte op om ham økonomisk. Hvis han stopper eller drosler ned, bliver det sandsynligvis efter eget valg. Det er ikke sådan at holde "The Great Dane" fra at satse – og satse stort.

William Benter
Verdens rigeste gambler

Den amerikansk gambler William Benter har udviklet velsagtens den mest succesrige computer software i verden til spil på det store marked for hestevæddeløb i Hong Kong, hvor omsætningen jævnligt når trecifrede millionbeløb. I 2010 nåede spilomsætningen op på ufattelige 9 milliarder dollars - på blot to baner. Det er næsten det samme som årsomsætningen på samtlige baner i hele USA.

Rygterne er vilde, men et realistisk skøn er, at William Benter tjener i omegnen af 10 millioner $ årligt.

Vel nok mere end i noget andet spil om penge er de fleste indsatser i hestevæddeløb baseret på følelser. Folk placerer indsatser baseret på alt fra hestens navn til tip fra en ven. Og intetsteds i verden er mere følelsesbetonet end det livlige spillemarked i Hongkong. William Benter bruger computerstyret logik til at slå systemet og tjene millioner.

Han regnes for at være den professionelle spiller der har tjent mest og hele formuen er skabt på hestevæddeløbene i Hong Kong.

En karriere som korttæller

William Benter er født og opvokset i Pittsburgh, Pennsylvania, og begyndte allerede som ung at udvikle sine matematiske færdigheder til at skaffe sig fordele i spil. I midten af 1970'erne blev Benter, som så mange andre matematisk begavede mennesker med interesse for spil, fascineret af bogen "Beat the Dealer". Det var så at sige en manual for blackjackspillere, der satte de dygtigste og mest lærenemme læsere i stand til at skaffe sig en fordel ved at tælle kort. Derved kunne man skaffe sig en matematisk fordel og det blev reelt muligt for de bedste spillere at leve af blackjack. Benter startede sin karriere som professionel spiller. Men casinoer bryder sig ikke om vindere - og da slet ikke regelmæssige vindere som har skaffet sig en matematisk fordel ved dygtighed.

Benter blev – igen som så mange andre - udelukket fra de fleste casinoer i Vegas. Den eneste begrundelse var at han vandt for mange penge. "Beat the Dealer" var ikke gangbar mere, teknikken var blevet for udbredt og spilbranchen fik sat en stopper for de fleste korttællere. Først ved intimidering, fysisk vold eller bortvisning. Senere ved at øge antallet af kort i spillet så kun et forsvindende lille antal mennesker kunne håndtere tælleteknikken.

Fra Vegas til Hong Kong

Men således berøvet sin levevej fandt Benter på noget andet. Han mødte Alan Woods, der også var korttæller, og makkerparret besluttede at kaste sig over hestevæddeløb.

I 1984 tog Benter og Woods til Hongkong , med en startkapital på 150.000 $.

Parret brugte deres matematiske evner til at skabe en formel der kunne udpege løbsvindere.

Woods og Benters veje skiltes i 1987 og siden har Benter udviklet computersoftware til at skabe sandsynlighedsmodeller, stadig specifikt rettet mod hestevæddeløb i Hongkong. Han samlede et helt hold af hjælpere og er nu kendt for at have den bedste statistiske metode, der kort fortalt anvender talværdier til at estimere en hests sandsynlighed for at vinde. Dertil kommer mange års opbygget erfaring med de psykologiske mekanismer i markedet der har forfinet teknikken bag væddemålene.

Benter har erkendt , at den hastige stigning i computeres datakraft teknologi har lettet hans holds arbejdsbyrde i årenes løb og givet langt større muligheder. Hvor Benter i begyndelsen "kun" tog højde for 16 variabler til hver hest i et løb, menes det nu, at hans hold af vurderer hestene efter mere end 120 forskellige faktorer.

William Benters pionerarbejde med computersoftware til væddemål og hans generelle matematiske færdigheder og viden har gjort ham til en af de mest succesfulde spillere branchen nogensinde har set .

Benter er generøs med sin formue og donerer til velgørende formål i både Hong Kong og Amerika. Han har selv i en periode været præsident for den velgørende loge Hongkong Rotary Club.

STU UNGAR
Talent og tragedie

Der er næppe en spillehistorie om mere storslået og tragisk end den om Stu Ungars liv og død. Med en utrolig sans for kort og fotografisk hukommelse var han over et par årtier ubestridt verdens bedste gin-rummy og pokerspiller. Desværre gik de medførte evner hånd i hånd med misbrug og manglende evne til at forvalte liv og penge. Det medførte tragiske nedture og en alt for tidlig død. Stu Ungar satte dog for altid sit præg på spillermiljøet. Så længe der overhovedet bliver spillet kort på denne planet, vil hans navn og bedrifter med garanti blive husket.

I fars fodspor

Hans liv startede dog langt fra glimmeren i Las Vegas, nemlig i det fattige, østlige New York. På trods af den fattige opvækst opdagede Stu Ungar hurtigt sit talent for kortspil og vandt således sin første gin-rummy turnering allerede som 10-årig. Hans far var bookmaker og indehaver af en bar, så æblet faldt ikke langt fra stammen. Som 15-årig droppede en rastløs

Stu Ungar ud af skolen for at prøve lykken som gambler og kortspiller, hvor sidstnævnte var hans ultimative begavelse, og førstnævnte senere skulle blive en stor del af hans bitre skæbne. Han var en tid under gangsteren Jimmy Romanos beskyttende vinger. Han begyndte at blive kendt i New Yorks spillekredse, da han spillede en gin-rummy turnering og vandt 10.000 $ uden at tabe en eneste hånd undervejs.

En hang til heste

Stu Ungar havde midlertidigt mange laster og der gik ikke lang tid, før alle pengene var spillet op på væddeløbsbanen. Denne svaghed for at spille på heste havde et fast greb i supertalentet i resten af hans stormfulde og ret korte liv og det var næsten det mindste af hans mange problemer. Men det kontroversielle kortgeni havde stadig masser af succes til gode, og da han efterfølgende rykkede til Miami uden en dollar på lommen, begyndte de store penge hurtigt at vælte ind. Først vandt han $ 50.000 i terningspillet craps som hurtigt blev omsat i en stor gin-rummy turnering – som han endte med at vinde. Stu Ungar havde en meget overlegen stil ved bordene. Han yndede at afsløre sine modstanderes hænder med så stor nøjagtighed, at ingen efterhånden havde lyst til at sidde over for ham, hvilket ikke behagede det spilleivrige supertalent.

Et geni med kort

Skæbnen førte ham, som man kunne forvente, til det forjættede land Las Vegas, hvor han hurtigt blev et kendt ansigt på The Strip. Spillet hed nu blackjack, og Stu Ungar opdagede, at hans talent for at tælle kort var absolut uovertruffent. Han vandt hurtigt over 80.000 $, hvilket resulterede i at hans billede blev hængt op på samtlige The Strips casinoer, og bosserne ville gøre alt for, at han ikke blev sluppet ind igen. Stu Ungar var så overbevist om sine evner til at tælle kort, at han senere indgik et vanvittigt væddemål med rigmanden og casinoejeren Bob Stupak der senere skulle blive en nær ven. De spillede blackjack med 6 kortspil. Da der resterede 3 spil var Stus opgave at kunne nævne nøjagtig, hvilke kort der resterede i bunken – han skulle med andre ord holde styr på 156 kort. Hvis han blot lavede én fejl, kostede det ham $ 10.000. Sådan gik det ikke. Stu holdt hovedet koldt og klarede opgaven uden slinger i valsen. Denne næsten Rainman-agtige præstation gav ham odds 1/10 og altså $ 100.000 i gevinst.

Poker og WSOP

Sidst i 70'erne vendte Stu Ungar blikket mod poker, som han kendte alt til, men aldrig havde spillet for alvor. I 1980 deltog han i det uofficielle verdensmesterskab WSOP for første gang. Turneringen blev også dengang afholdt i formatet no-limit Texas Hold'em med et indskud på 10.000 $ fra hver spiller. Det var ikke som i dag en turnering med tusindvis af spillere og snesevis af sideturneringer. Til gengæld bestod feltet af en eksklusiv gruppe af USAs bedste professionelle pokerspillere, legender som Amarillo Slim, Doyle Brunson og Nick The Greek var stamkunder. Det gjorde ikke indtryk på fænomenet Stu Ungar. Naturligvis - fristes man til at sige - vandt han turneringen. Desværre havde de negative sider i hans personlighed det med at tage overhånd. Han var afhængig af stoffer og spillede hasarderet på heste og terninger. Her havde han ingen fordel af sit suveræne talent for kort. Efter at have vundet WSOP igen i 1981, forfaldt til sine gamle laster og tabte 2 millioner $ på craps samme aften som sin store sejr. Stu Ungar forsvandt ud af billedet i nogle år, og kokainforbruget var stort. Alligevel var de to WSOP-sejre ikke det sidste man så til Stu på pokerspillets verdensscene. I 1997 gjorde han et utroligt comeback ved WSOP, til trods for at han kun én time før start ikke havde penge nok til at deltage. En anonym, hjælpende hånd dukkede op som kaldet, og Stu Ungar vandt sin tredie WSOP-titel. Han spillede 3 WSOP-finaler i sit liv og vandt dem alle. En ekstraordinær præstation som efter al sandsynlighed aldrig vil blive gjort ham efter. Han fik tilnavnet "The Comeback Kid". Men comebacks varer ikke evigt.

Den bitre ende

Der var ikke efterhånden ikke meget andet end misbruget og spillet der havde tag i Ungar. Han havde svært ved at håndtere livet. Faren døde da han endnu var dreng. Det tog hårdt på ham og fik ham allerede tidligt til at flygte ind i spillets og stimulansernes dulmende verden. Venner og bekendte har berettet at han spiste sjældent og altid som et vildt dyr – der gjaldt om at komme hurtigt ud af restauranten og tilbage til spillebordene. Efter morens død i 1979 begyndte han for første gang at bruge kokain. I 1982 blev han gift med Madeline men ægteskabet holdt kun i fire år. Parret fik datteren Stefanie og Ungar adobterede Madelines søn fra første ægteskab, Richie. Ungar fik et nært forhold til stedsønnen og blev voldsomt påvirket af dennes selvmord i 1990. I de sidste leveår var det kun datterens eksistens der af og til motiverede Stu Ungar til at søge hjælp for sit misbrug. Han ytrede tit ønske om at blive stoffri for hendes skyld, men i sidste ende rakte viljen ikke. Svaghederne i hans karakter overskyggede det ellers helt unikke talent. Få uger efter det, der skulle blive hans sidste store turneringssejr, gik han igen fallit og faldt tilbage i stofmisbrug. Ludomanien og stoffer i mange afskygninger havde efterhånden fået så godt et tag, at han på trods af en aftale om afholdenhed med sin gamle ven Bob

Stupak blev fundet død på sit motelværelse i Las Vegas den 22. november 1998, kun 45 år gammel. Stu Ungar havde 800 $ på sig. Det var de eneste penge historiens bedste kortspiller efterlod i denne verden.